Günter Gerngross • Herbert Puchta

PLAYWAY 1 TO ENGLISH

Pupil's Book

Arbeitsmaterialien für den Englischunterricht
Altersgruppe: 1. Schuljahr

Illustrationen: Svjetlan Junaković

ISBN 3-12-587000-3

Graphische Gestaltung: Gio Festin

Ausgabe für Deutschland in Zusammenarbeit mit Ernst Klett Grundschulverlag GmbH, Leipzig.

Edition Helbling

Klett GRUNDSCHULE

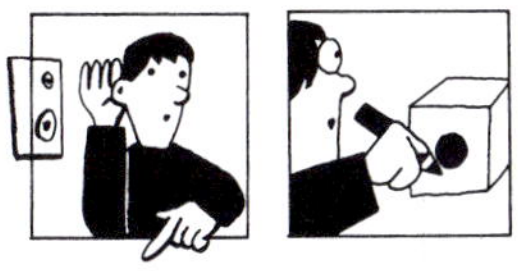

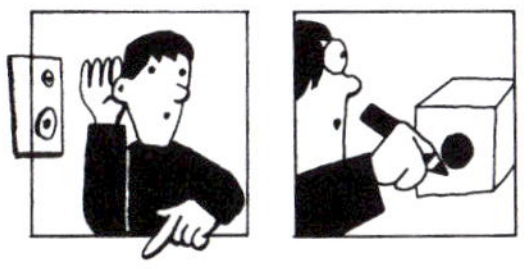

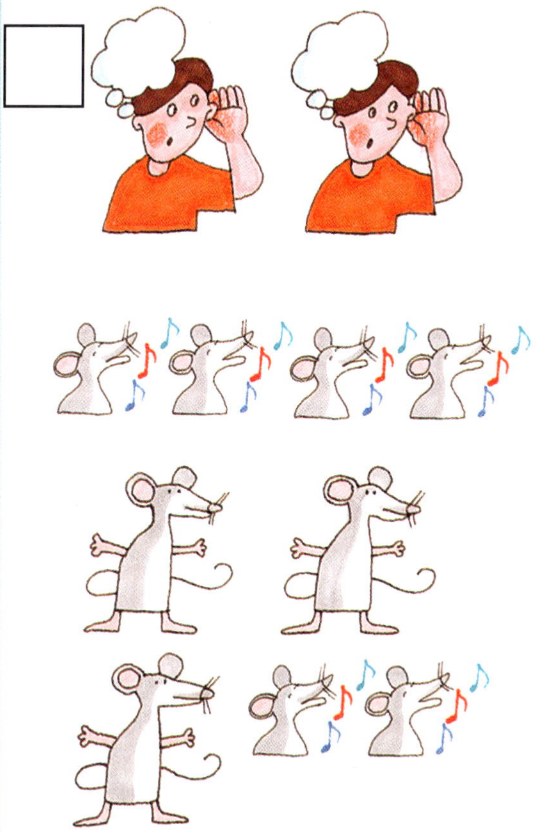

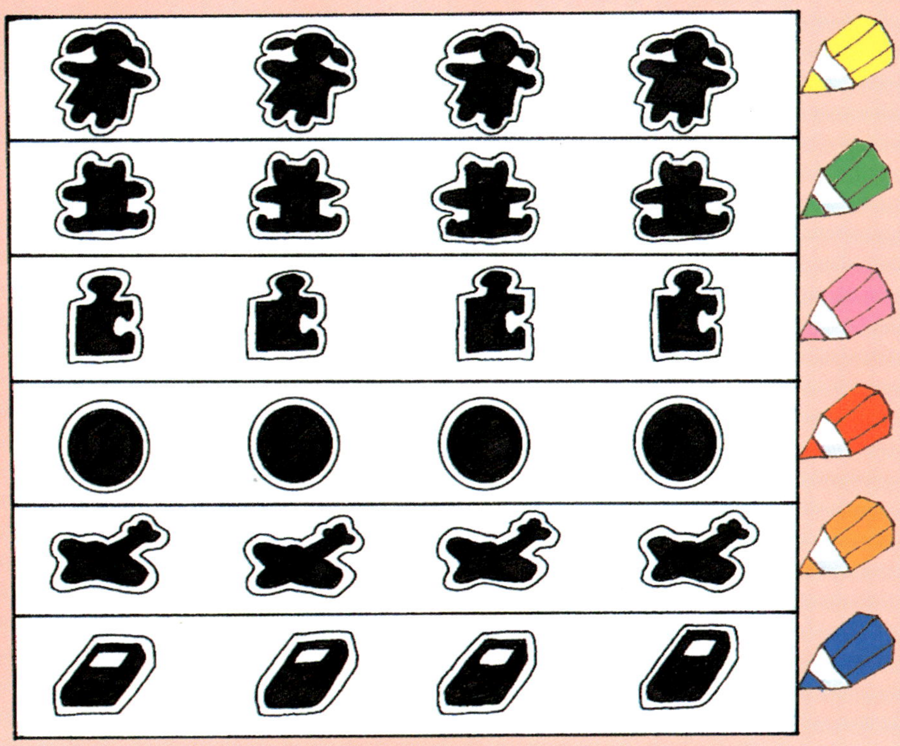

1 2 3 4 5

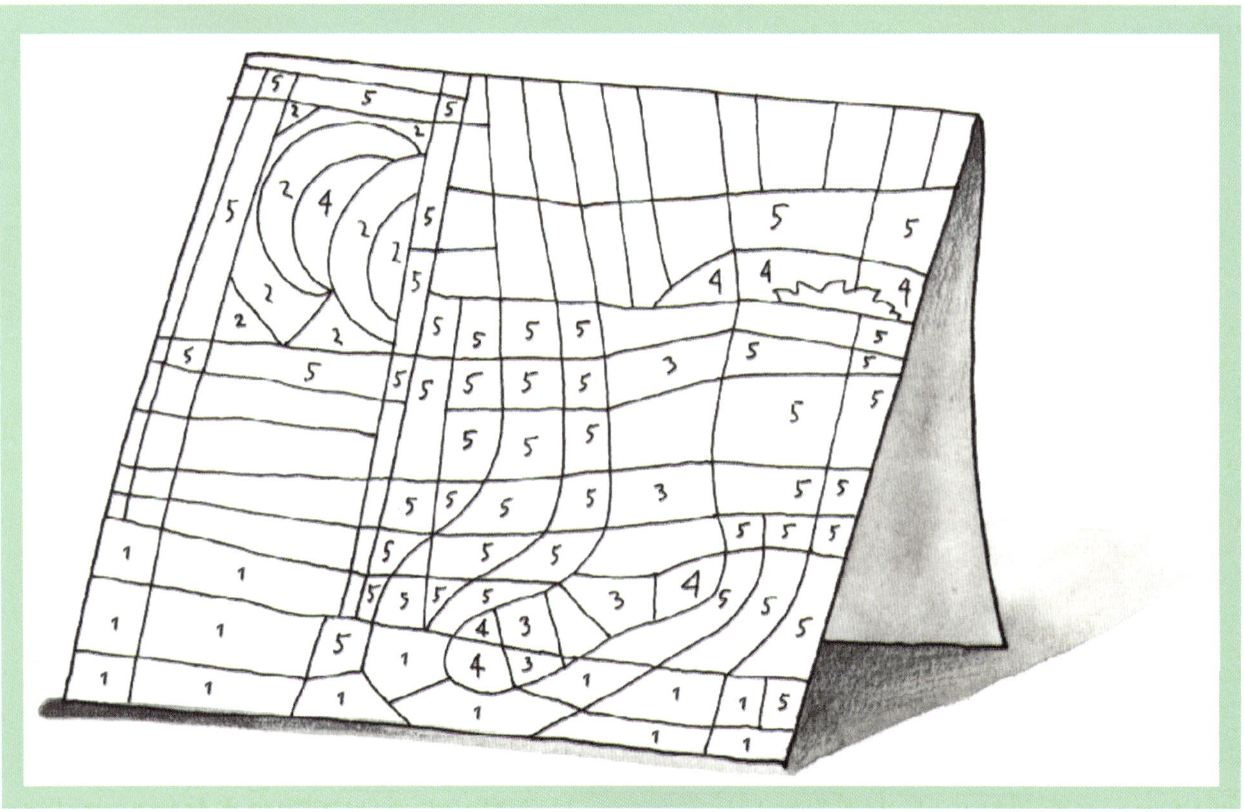

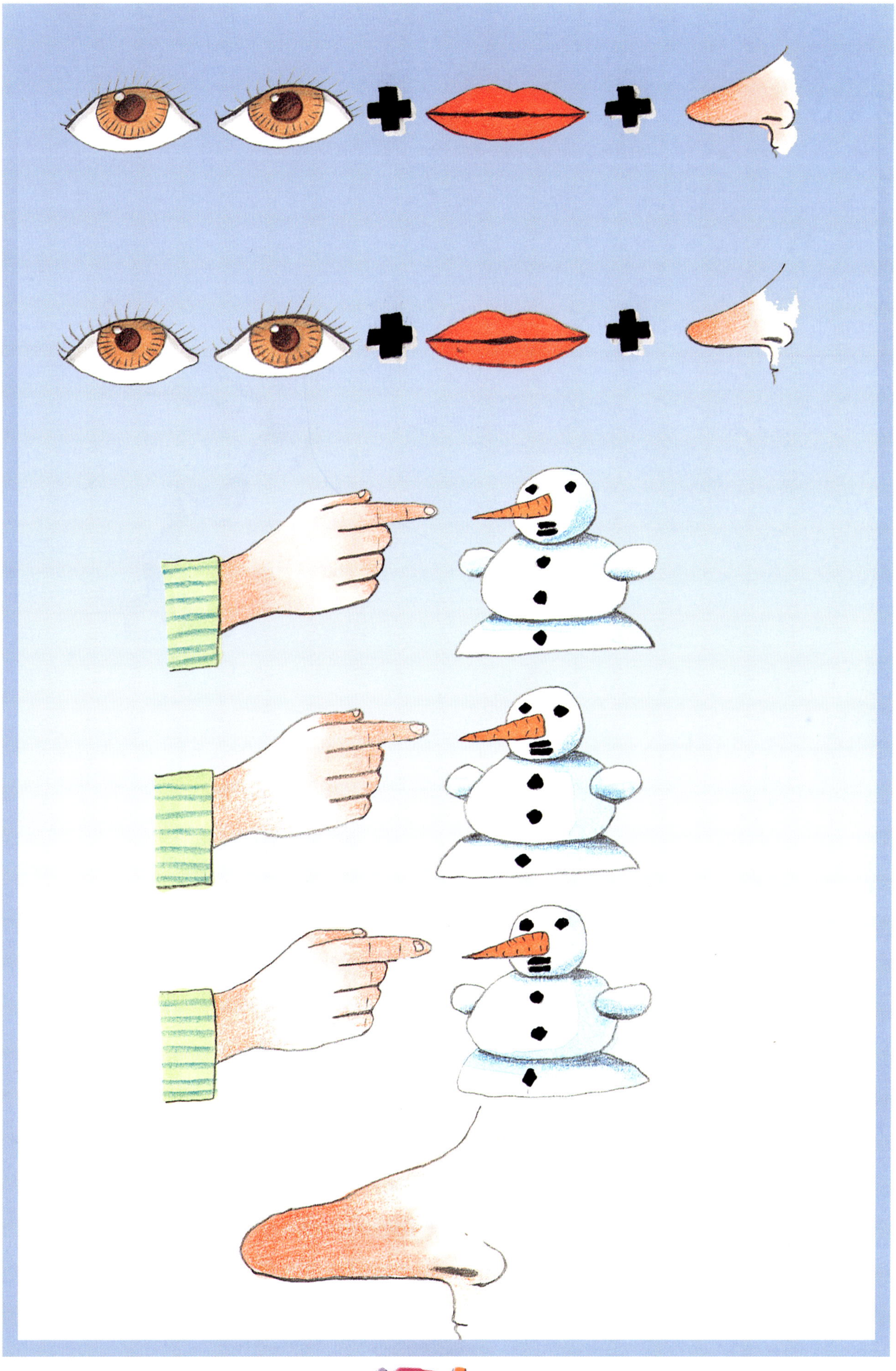

1

2

3

4

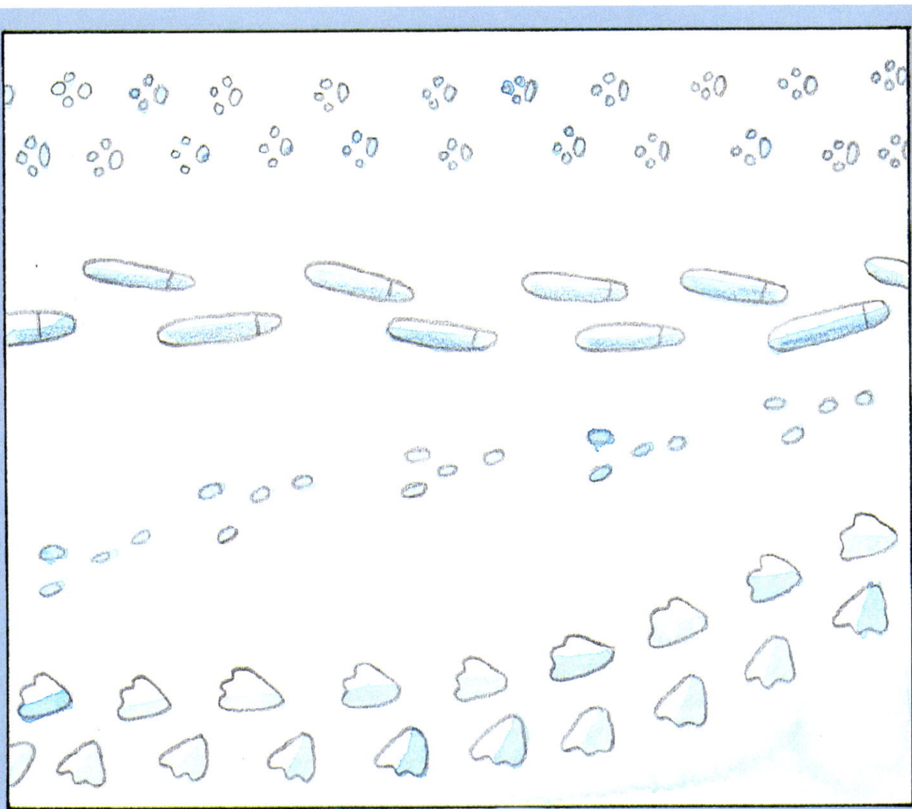

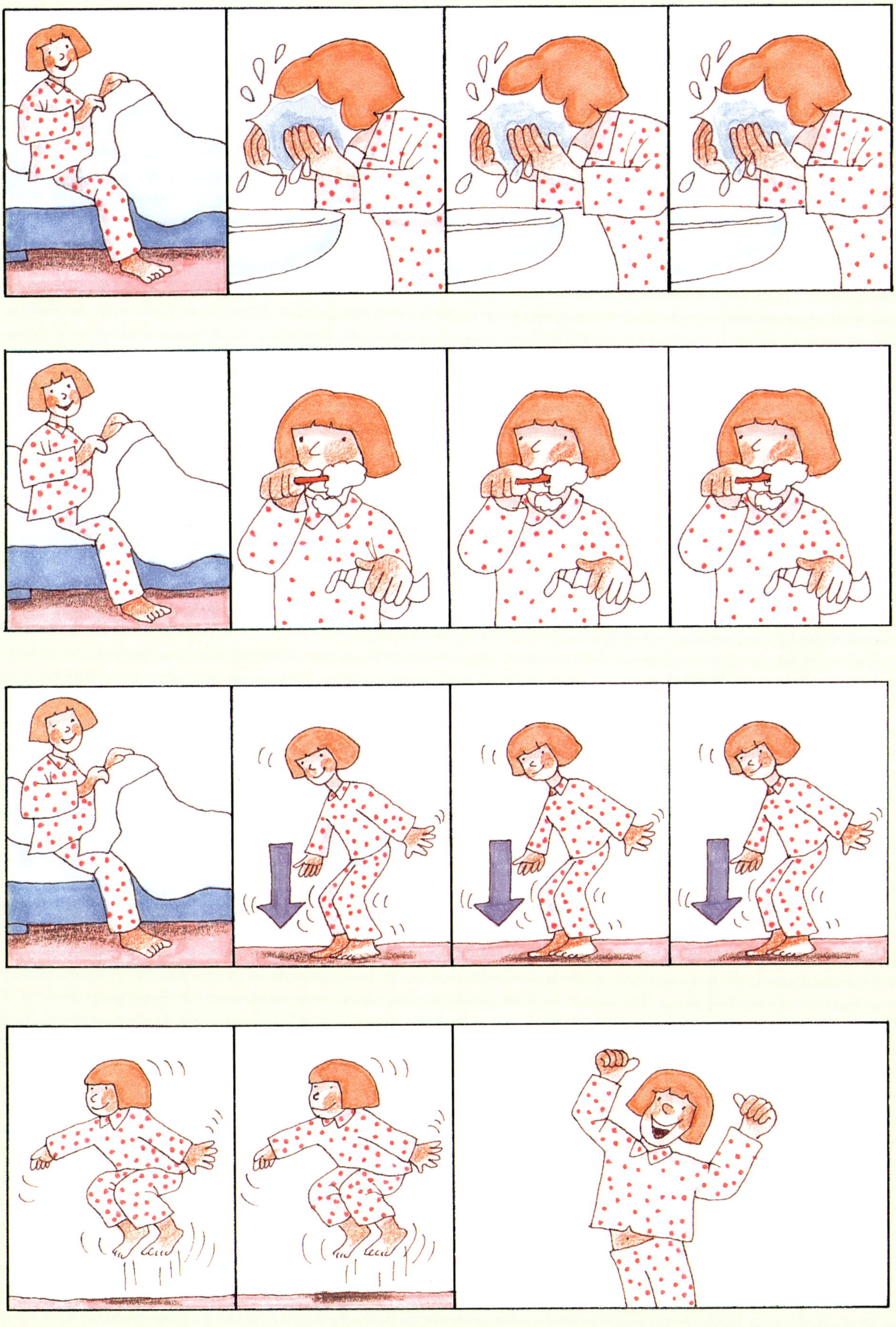

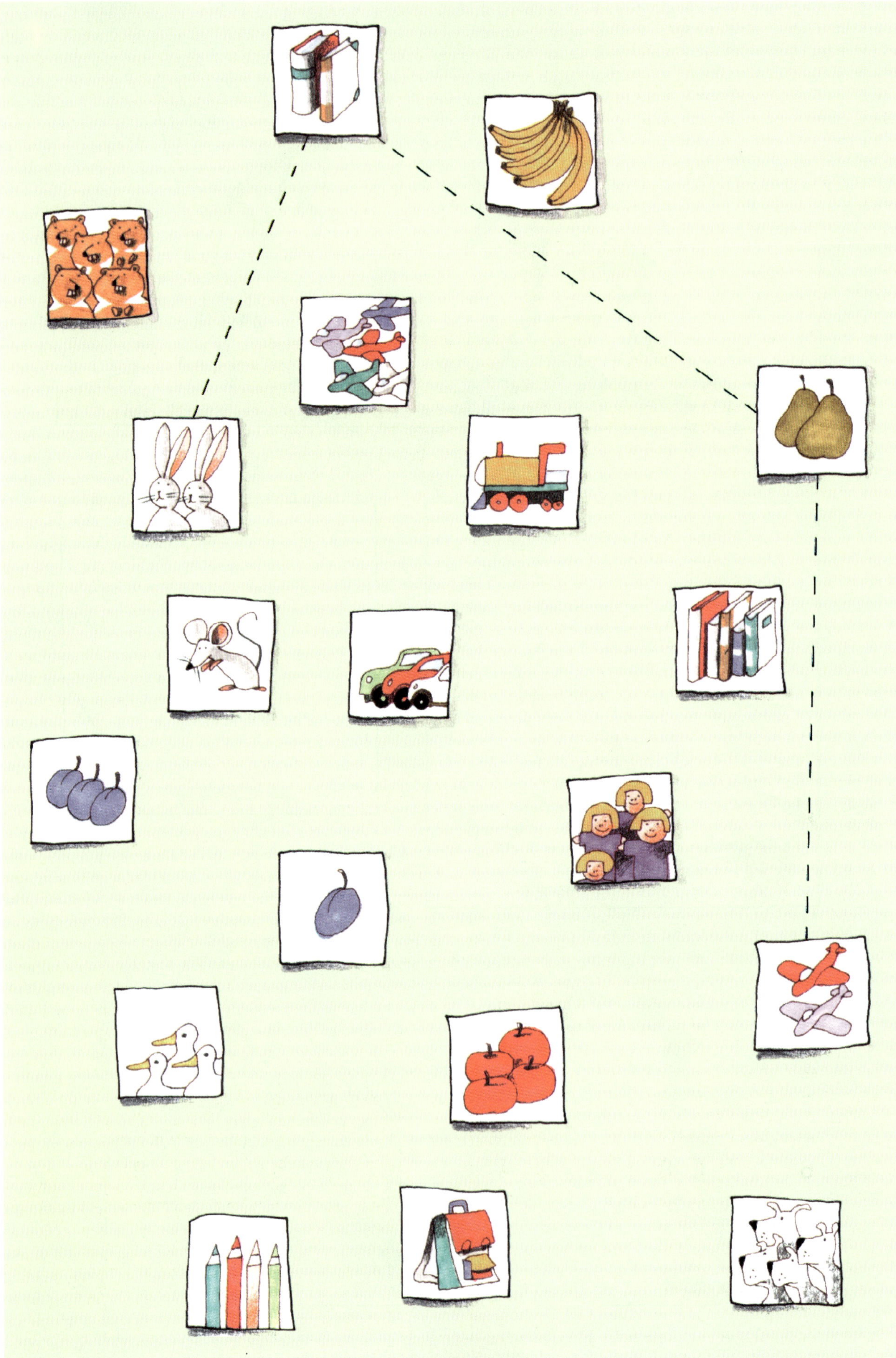

4	5	6
7	8	9
6		8
3		5
	2	3

8	9
1	2
4	
6	
3	

6	5	4
8	7	6
5		3
4		2
	6	5

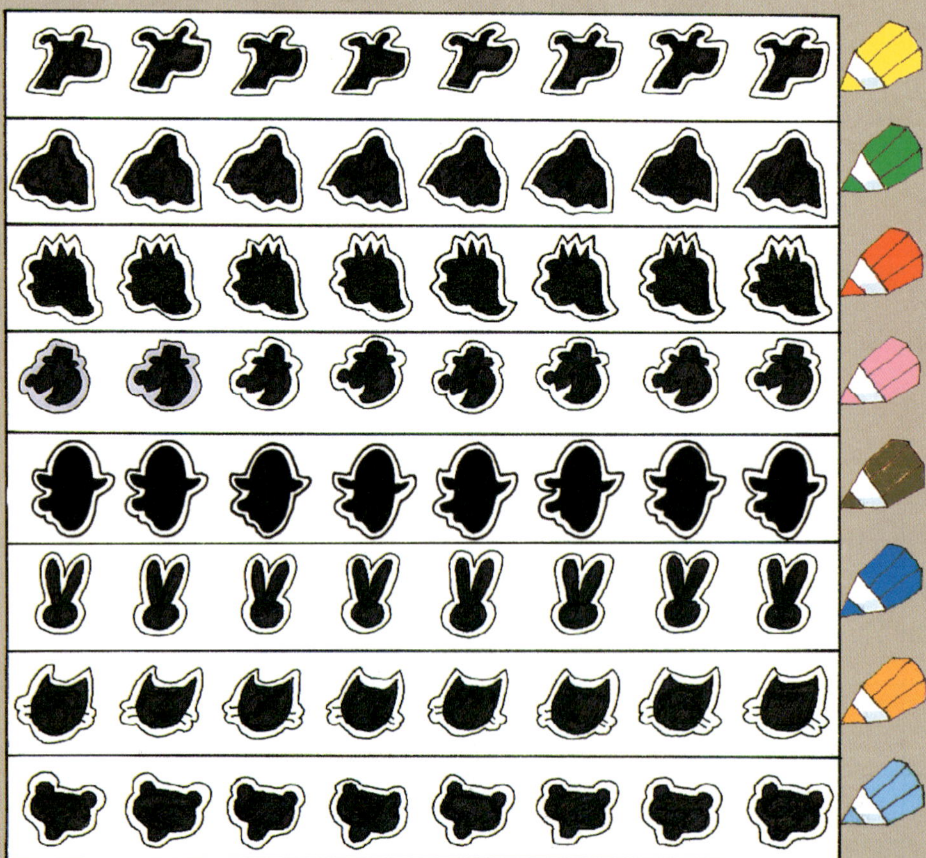

T
M

CORN
FLAKES

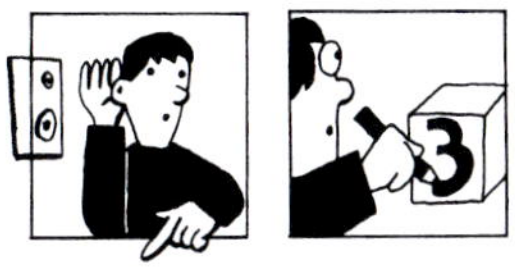
3

1

1, 2, 3,

1 2 3 4 5 6 7 8 9 10

?

1

2

3

4

5

1, 2, 3,

SWIMMING POOL
1

3232

5
4
3
5
4
3
9
7
8
9
7
8
9
6
8
6
8

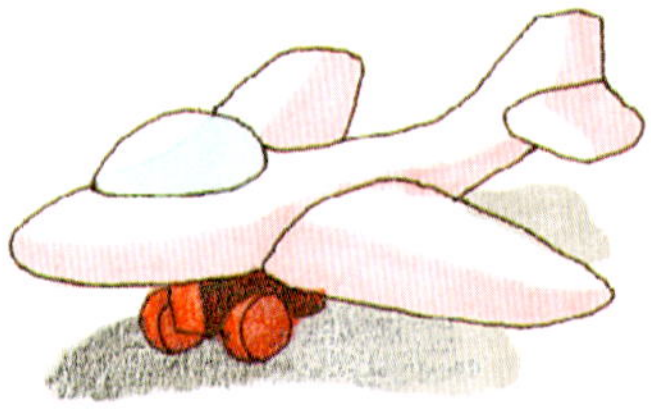

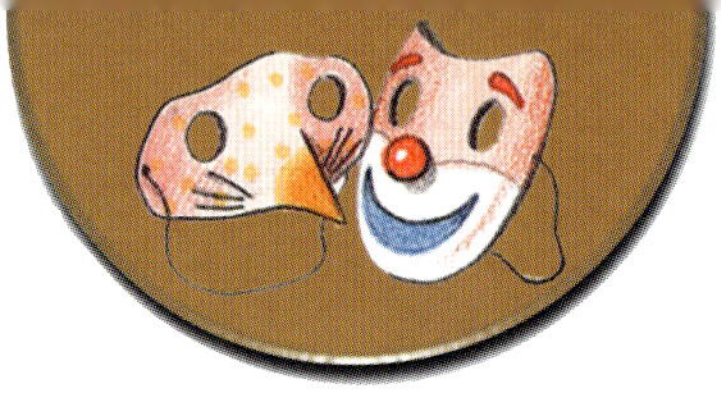

Elterninformation · Elterninformation · Eltern

Elterninformation · Elterninformation · Eltern

PLAYWAY 1 TO ENGLISH

Frühes Fremdsprachen lernen bringt zahlreiche Vorteile

- Die Kinder lernen spielerisch Wörter, Sätze und ganze Geschichten zu verstehen.
- Kinder dieses Alters sind besonders dafür geeignet, eine gute Aussprache zu entwickeln.
- Frühes Fremdsprachen lernen fördert die Intelligenzentwicklung des Kindes.
- Die Kinder entwickeln unbewusst Verständnis für eine andere Sprachkultur.
- Und was am wichtigsten ist: Das spielerische Entdecken der Fremdsprache wirkt motivationsfördernd. Es stärkt das Selbstvertrauen Ihres Kindes und fördert die Freude am Lernen.

Und so funktioniert spielerisches Englisch lernen in der Praxis

- Ihr Kind versteht die Bedeutung englischer Wörter mit Hilfe von Bildkarten.
- Es lernt die Aussprache neuer Wörter mit Hilfe von Liedern und Reimen von der CD.
- Es lernt lustige Sketches und Geschichten von einem Video zu verstehen.
- Es lernt, einfache Dialoge auf Englisch auszuführen.
- Ihr Kind erwirbt mit Hilfe spezieller Methoden scheinbar mühelos einen beachtlichen aktiven Wortschatz.

Edition Helbling

Klett GRUNDSCHULE

Und so können Sie Ihr Kind beim Fremdsprachen lernen unterstützen

- Lassen Sie Ihrem Kind Zeit. Erwarten Sie nicht, dass Ihr Kind von der ersten Stunde an englisch sprechen kann. Ihr Kind lernt zuerst Verstehen und dann erst Sprechen.

- Loben Sie Ihr Kind oft und unterstützen Sie dadurch seinen Lernfortschritt. Wenn Ihr Kind nach Hause kommt und sagt, „Heute habe ich *yes* gelernt!“, sollten Sie es dafür loben.

- Hören Sie geduldig zu, wenn Ihr Kind Ihnen zeigen möchte, was es gelernt hat.

- Fehler sind Zeichen des Lernfortschritts und gehören zum Sprachen lernen so natürlich dazu wie das Stürzen beim Laufen Lernen.

- Fragen Sie Ihr Kind nie danach, Ihnen Wörter oder Sätze ins Deutsche zu übersetzen. Ihr Kind lernt die Sprache ganzheitlich. Übersetzen stört den natürlichen Spracherwerb.

- Häufige Wiederholung und Spaß am Lernen sind wichtige Hilfen. In der Klasse stehen der Lehrerin/dem Lehrer Ihres Kindes dafür vielfältige Arbeitsmaterialien zur Verfügung: Videos mit Puppenspielen und lustigen Geschichten, Bildkarten, CDs usw.

- Häufige Wiederholung und Spaß am Englisch lernen zu Hause wird mit Hilfe einer CD oder Tonkassette möglich.
  Mit der CD/MC **„Songs and chants“** wiederholt Ihr Kind die Aussprache und wichtige Wörter und Phrasen mit Hilfe lustiger Lieder und Reime.

Zum Anhören und Mitmachen für zu Hause

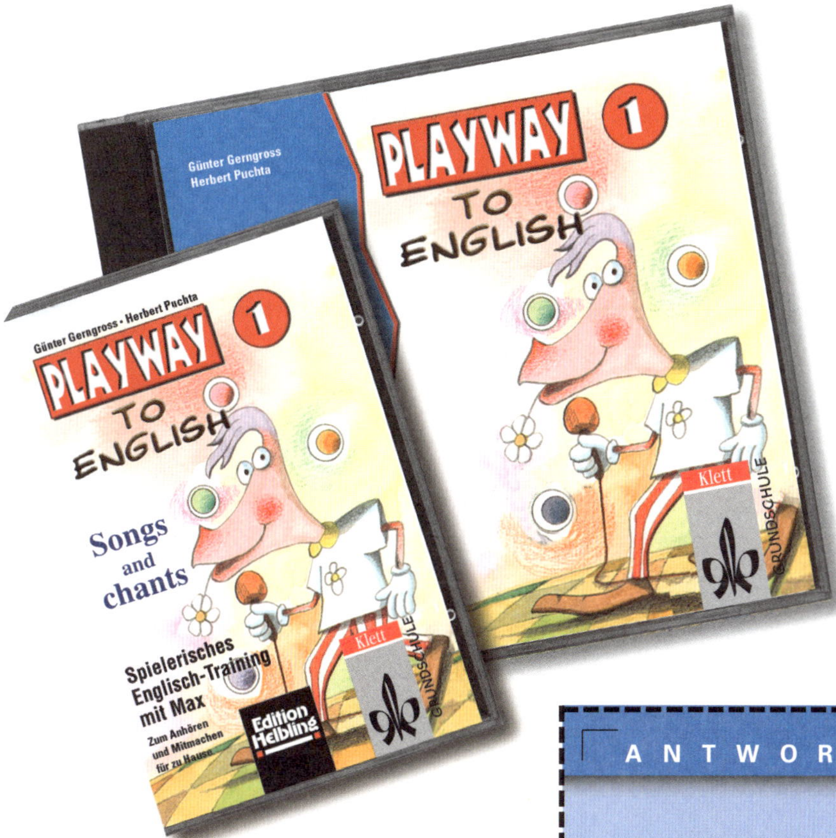

Kassette
Bestellnummer 3-12-587011-9
DM 23,00
€ 11,76

CD
Bestellnummer 3-12-587012-7
DM 28,00
€ 14,32

Playway to English 1

Songs and Chants

Spielerisches Englisch-Training mit Max

- Mitreißende Songs, die die englische Aussprache fördern
- Schwungvolle Reime und Chants, mit deren Hilfe sich Ihr Kind Wörter, Phrasen und ganze Sätze besser merken kann
- und jede Menge Spaß mit Max als DJ!

ANTWORTKARTE

Ja, ich bestelle

☐ Stück	3-12-587011-9	**Kassette** Songs and Chants Spielerisches Englisch-Training mit Max	DM 23,00 € 11,76
☐ Stück	3-12-587012-7	**CD** Songs and Chants Spielerisches Englisch-Training mit Max	DM 28,00 € 14,32

Datum

Unterschrift (bei Minderjährigen Unterschrift des/der Erziehungsberechtigten)

Diese Titel sind auch über den Buch- bzw. Fachhandel zu beziehen.
Die Lieferung erfolgt auf Rechnung zuzüglich Portokosten.
Unverbindliche Preisempfehlung. Preise freibleibend, Stand 1.1.2001.
Die Euro-Preise gelten nur für die Bundesrepublik Deutschland.

Bitte Adresse auf Rückseite ausfüllen

ENGLISCH IN DER GRUNDSCHULE

EINFACH ANFANGEN

Einfach zu bestellen:

Spielerisches Englisch-Training mit Max

Die Titel sind auch über den Buch- bzw. Fachhandel zu beziehen. Die Lieferung erfolgt auf Rechnung zuzüglich Portokosten. Unverbindliche Preisempfehlung.
Preise freibleibend, Stand 1.1.2001. Die Euro-Preise gelten nur für die Bundesrepublik Deutschland.

Bitte als Postkarte frankieren

Antwort

Ernst Klett Verlag
Kundenservice
Postfach 1170

71398 Korb

ABSENDER

Vorname, Name

Straße, Hausnummer

PLZ, Ort

Telefon privat (für evtl. Rückfragen)

Bitte Adresse hier eintragen

So können Sie bestellen:

per Post
Ernst Klett Verlag
Kundenservice
Postfach 1170
71398 Korb

per Telefon
(0711) 6672-1333

per Fax
(0711) 6672-2080

im Internet
www.klett-verlag.de

Ernst Klett Verlag
Postfach 10 60 16
70049 Stuttgart

Klett GRUNDSCHULE